W9-BTA-891

The Chariot Race

La carrera de carrozas

Lynne Benton

Pictures by Tom Sperling
Spanish by Rosa María Martín

BARRON'S

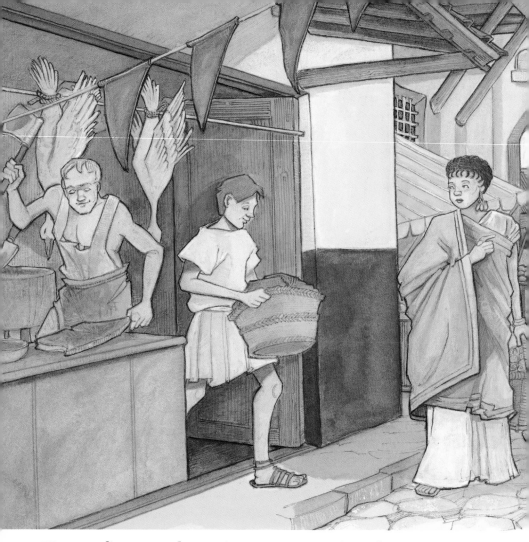

Hoy es fiesta en la antigua Constantinopla.

Pero Bak tiene que trabajar hoy, y todos los días.

Su dueño, Julius, es un hombre cruel. A menudo azota a Bak

Bak tiene un amigo—el burro, Himaar.

Julius azota a Himaar también.

Bak sueña con una vida mejor.

"Nuestra suerte puede cambiar, Himaar", susurra.

Today is a holiday in ancient Constantinople.

But Bak has to work today, and every day.

His master, Julius, is a cruel man. He often beats Bak.

Bak has one friend—the donkey, Himaar.

Julius beats Himaar too.

Bak dreams of a better life.

"Our luck can change, Himaar," he whispers.

Hoy hay una gran carrera de carrozas en la ciudad.

Un hombre en una carroza roja conduce al equipo rojo.

"Soy Antonius", grita. "¡Soy el campeón!"

La gente grita: "¡Vamos, Rojos!"

Un hombre en una carroza azul conduce al equipo azul.

"¡No le escuchen!" grita. "Soy Claudius,

¡y *yo* soy el campeón!"

La gente grita, "¡Vamos, Azules!"

Himaar levanta la cabeza. Sus orejas se mueven.

Today there is a big chariot race in the city.
A man in a red chariot drives the red team.
"I'm Antonius," he shouts. "I am the champion!"
The crowd shouts, "Go Reds!"
A man in a blue chariot drives the blue team.
"Don't listen to him!" he shouts. "I'm Claudius,
and *I* am the champion!"
The crowd shouts, "Go Blues!"
Himaar raises his head. His ears twitch.

5

"Por favor, ¿puedo ver la carrera hoy?" pregunta Bak.

"Claro que no", dice Julius secamente. "Tienes que trabajar.

El alfarero tiene dos vasijas nuevas para mí.

Tienes que recogerlas con el carro.

Quiero enseñárselas al senador."

"¿Al senador?" susurra Bak.

El senador es una persona muy importante.

"Sí", dice Julius. "Después de la carrera.

¡Ahora date prisa, perezoso!"

"Please may I watch the race today?" asks Bak.

"Of course not," says Julius sharply. "You must work.
The potter has two new pots for me.
You must get them with the cart.
I want to show them to the Senator."

"To the Senator?" whispers Bak.
The Senator is a very important person.

"Yes," says Julius. "After the race.
Now hurry up, you lazy boy!"

¡Date prisa!
Hurry up!

Julius se va deprisa a la carrera de carrozas.

Bak cepilla el pelo de Himaar hasta que brilla.

"Vamos, Himaar", dice. "Tenemos que recoger esas vasijas."

El alfarero es un hombre amable.

Da pan y queso a Bak.

"¿No vas a la carrera, Bak?" dice. "¡Qué pena!

Eres un buen muchacho. Te mereces algo mejor."

Y pone dos grandes vasijas en el carro.

Julius hurries away to the chariot race.
Bak brushes Himaar's coat till it shines.
"Come on, Himaar," he says. "We must get those pots."
The potter is a kind man.
He gives Bak some bread and cheese.
"Aren't you going to the race, Bak?" he says. "That's a pity.
You are a good boy. You deserve something better."
And he puts two big pots into the cart.

En el camino a casa, Bak conduce el carro con cuidado.
No debe romper las vasijas.

Al pasar por el circo, oye a la gente que grita:
"¡Vamos, Rojos! ¡Vamos, Azules!"

"¡Ojalá...!" dice Bak. Pero las orejas de Himaar se mueven.
De repente se da la vuelta y corre hacia el circo.

Bak tira de las riendas. "¡Para, Himaar, para!" grita.
Pero Himaar no hace caso.

On the way home, Bak drives the cart carefully.
He mustn't break the pots.
As they pass the arena, he hears the crowd cheering,
"Go Reds! Go Blues!"
"I wish…!" says Bak. But Himaar's ears twitch.
Suddenly he turns and runs into the arena.
Bak pulls on the reins. "Stop, Himaar, stop!" he shouts.
But Himaar does not obey.

¡Himaar corre directamente hacia la arena!

La gente grita: *"¡Oooooh!"*

Pero Himaar no para.

Corre alrededor de la pista delante de los caballos.

Bak sujeta las riendas fuertemente.

Las vasijas dan saltos en el carro.

"¡Quítate de en medio!" grita Antonius.

Himaar runs straight onto the race track!

The crowd shouts, "*Oooooh!*"

But Himaar does not stop.

He races around the track in front of the horses.

Bak holds the reins tightly.

The pots bounce about in the cart.

"Get out of the way!" shouts Antonius.

¡Quítate de en medio! Get out of the way!

Himaar corre alrededor de la pista.

Pero Bak no puede pararlo.

Una de las vasijas se cae del carro.

Se rompe en trozos grandes.

El equipo rojo se acerca por detrás.

"¡Paren!" grita Antonius.

Pero sus caballos siguen corriendo.

La carroza roja pasa por encina de la vasija rota

y da un salto. Antonius cae.

Himaar races around the track.
But Bak can't stop him.
One of the pots rolls off the cart.
It smashes into big pieces.
The red team comes up close behind.
"Stop!" shouts Antonius.
But his horses keep going.
The red chariot runs over the broken pot
and tips up. Antonius falls out.

El equipo azul adelanta a Antonius.

Claudius ríe. "¿Quién es el campeón ahora?" grita.

¡Antonius está furioso!

Ahora el equipo azul está justo detrás del burro.

"¡Quítate de en medio!" grita Claudius.

Himaar da un giro y la segunda vasija se cae del carro.

Los caballos se asustan.

Y doblan a la derecha.

The blue team passes Antonius.

Claudius is laughing. "Who's the champion now?" he shouts.

Antonius is furious!

Now the blue team is right behind the donkey.

"Get out of the way!" shouts Claudius.

Himaar turns and the second pot falls off the cart.

The horses are frightened.

They swerve to the right.

La carroza azul choca contra el muro. Una rueda se rompe.

"*¡Oooh!*" grita la gente otra vez.

Claudius está eliminado de la carrera. Está muy enfadado.

"¡Muchacho estúpido, burro estúpido!" grita.

Julius está de pie en el palco del senador.

"¡Mis vasijas!" grita.

La gente ríe.

Pero Himaar aún continúa su carrera por la arena.

La gente grita: "¡Vamos, burrito!"

18

The blue chariot hits the wall. A wheel breaks.

"Oooh!" shouts the crowd again.

Claudius is out of the race. He is very angry.

"Stupid boy, stupid donkey!" he shouts.

Julius stands up in the Senator's box.

"My pots!" he shouts.

The crowd laughs.

But Himaar is still racing around the track.

The crowd cheers. "Go little donkey!"

Bak sujeta las riendas fuertemente.

Sus ojos brillan ahora.

"Puedes hacerlo, Himaar," susurra.

"Eres rápido. Eres listo. ¡Puedes ganar!"

Por fin cruzan la meta.

La gente grita: "¡Hurra! ¡El burro gana la carrera!"

Todos tiran flores al nuevo campeón.

Bak holds the reins tightly.

His eyes are shining now.

"You can do it, Himaar," he whispers.

"You are fast. You are clever. You can win!"

At last they cross the finish line.

The crowd cheers. "Hooray! The donkey wins the race!"

They all throw flowers to the new champion.

Bak baja del carro. Acaricia la nariz de Himaar.

Ve a Julius y al senador. "Oh no", dice.

Pero el senador sonríe. "¿Cómo te llamas, muchacho?"

"Bak, señor", dice Bak.

"Conduces muy bien, Bak", dice el senador.

"Ganar la carrera con un burro. ¡Eso sí que es nuevo!"

Pero Julius se queja: "¿Y qué pasa con mis vasijas?

¿Quién me las va a pagar?"

Bak climbs off the cart. He strokes Himaar's nose.
He sees Julius and the Senator. "Oh no," he says.
But the Senator is smiling. "What's your name, boy?"
"Bak, sir," says Bak.
"You drive very well, Bak," says the Senator.
"Winning the race with a donkey—that's new!"
But Julius grumbles, "What about my pots?
Who's going to pay for them?"

23

El senador mira a Julius. "¿*Tus* vasijas?" pregunta.

"Sí", dice Julius. "El muchacho trabaja para mí."

El senador está serio. "Pero, ¿y la carrera?

No le dejas tener un día libre como todos los demás?"

"Es mi criado", dice Julius. "¡Y hace lo que yo digo!"

"Ya veo", dice el senador. "¿Y ahora?"

"Voy a pegarle", dice Julius. "¡Y al burro!"

The Senator looks at Julius. "*Your* pots?" he asks.

"Yes," says Julius. "The boy works for me."

The Senator is serious. "But what about the race?

Don't you allow him to have a holiday like everyone else?"

"He is my servant," says Julius. "He does what I tell him!"

"I see," says the Senator. "And now?"

"I'm going to beat him," says Julius. "And the donkey!"

El muchacho
trabaja para mí.
The boy works for me.

El senador es un hombre sabio. Mira seriamente a Julius.

"El muchacho es bueno con los animales.

Puede trabajar para mí. ¿Te gustaría, Bak?

Puedes traer el burro contigo."

Bak no puede creer lo que oye.

"Sí, por favor, señor", dice.

El senador le tira a Julius una bolsa de dinero.

"Tómalo. Es bastante para pagar todo—tus vasijas también."

The Senator is a wise man. He looks hard at Julius.
"The boy is good with animals.
He can work for me. Would you like that, Bak?
You can bring the donkey with you."
Bak can hardly believe what he hears.
"Yes, please, sir," he says.
The Senator throws Julius a bag of money.
"Take it. It's enough to pay for everything—your pots too."

"¡Alégrense!" dice el senador a Antonius y Claudius.
"Ahora ya saben que los dos son igual de buenos.
¡Y qué carrera tan interesante!"
Antonius y Claudius no dicen ni palabra.
Toman los caballos y salen de la ciudad.
"Es tu culpa", gruñe Claudius. "Si tú…"
"¡Oh, cállate!" dice Antonius.

"Cheer up," says the Senator to Antonius and Claudius.

"Now you know you are both equally good.

And what an interesting race!"

Antonius and Claudius don't say a word.

They take their horses and leave the city.

"It's all your fault," grumbles Claudius. "If you…"

"Oh, be quiet!" says Antonius.

Los años pasan. Himaar ya es viejo.

Ya no lleva cargas.

Come la hierba verde bajo los árboles.

Bak es un joven fuerte.

Le gusta cuidar los caballos del senador.

Hoy hay una nueva carrera de carrozas en la ciudad.

Bak va a conducir al equipo del senador.

"Deséame suerte, Himaar", dice, con una sonrisa.

Y Himaar mueve las orejas.

The years go by. Himaar is old now.

He doesn't carry loads any more.

He eats the green grass under the trees.

Bak is a strong young man.

He loves looking after the Senator's horses.

Today there is a new chariot race in the city.

Bak is going to drive the Senator's team.

"Wish me luck, Himaar," he says, with a smile.

And Himaar's ears twitch.

Quiz

You will need some paper and a pencil.

1 What food does Bak eat?
What food does Himaar eat?

Find the Spanish words on story pages 8 and 30.
Then copy and complete the sentences.

Bak come…....…. y …....…. Himaar come…….................…

2 Match the people to the correct descriptions
and write the sentences.

Bak es   un hombre justo.

El alfarero es   un burro listo.

Julius es   un buen muchacho.

El senador es   amable.

Himaar es   cruel.

3 Choose the correct words and copy the complete sentences.
1 Hay *una / dos / tres / cuatro* vasijas.
2 ¿Quién es el campeón? *Antonius / Claudius / Bak / Julius*.
3 Hay *tres / cuatro / cinco* caballos en un equipo.
4 Himaar es *un caballo / un criado / un burro / un muchacho*.

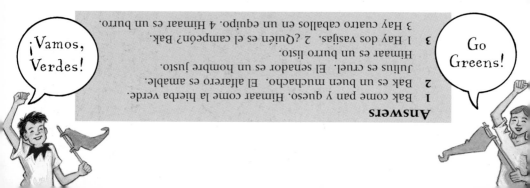

¡Vamos, Verdes!

Go Greens!

Answers

1 Bak come pan y queso. Himaar come la hierba verde.
2 Bak es un buen muchacho. El alfarero es amable.
Julius es cruel. El senador es un hombre justo.
Himaar es un burro listo.
3 1 Hay dos vasijas. 2 ¿Quién es el campeón? Bak.
3 Hay cuatro caballos en un equipo. 4 Himaar es un burro.